# RAPPORT

## SUR LE

## CHOLÉRA DANS LA VILLE D'ARMENTIÈRES

### EN 1866,

Lu au Conseil Central d'Hygiène et de Salubrité.

---

Messieurs,

Vous avez reçu communication, dans votre réunion du 3 juillet, d'une lettre de M. le Préfet vous informant que le choléra ayant fait à Armentières d'assez nombreuses victimes, il s'était rendu dans cette ville le dimanche 1er juillet ; qu'il avait été sensiblement impressionné de l'insalubrité des quartiers habités par les classes laborieuses, de la mauvaise disposition de leurs habitations et des causes nombreuses d'infection qui entourent celles-ci.

M. le Préfet, se confiant à la sollicitude et au zèle du Conseil de salubrité dans toutes les questions qui intéressent la santé publique, vient réclamer d'urgence la réunion de ce Conseil à l'effet de désigner une Commission de deux ou trois de ses membres qui se rendrait à Armentières pour constater l'état des choses et aviser aux mesures d'amélioration indispensables.

Conformément à ce vœu de notre Premier Magistrat, vous avez nommé pour y répondre MM. Brigandat, Cazeneuve, Meurein et Joire, rapporteur.

Votre Commission, Messieurs, s'est rendue à Armentières le 5 juillet ; elle a trouvé réunis à la Mairie, M. Dansette, Maire, MM. les adjoints et quelques membres du Conseil municipal, les médecins de la localité ainsi que les élèves internes de l'école de Lille, délégués sur la demande de M. le Maire.

Après une conférence sur les circonstances diverses de la marche de l'épidémie et dont les détails vous seront successivement signalés, nous avons visité les divers quartiers qui en étaient plus particulièrement le siége.

Mais avant d'exposer les résultats de nos investigations, il n'est pas inutile, ce semble, d'indiquer en quelques lignes les conditions générales de la localité au point de vue hygiénique, et les conséquences du passage des diverses épidémies du choléra.

Bien que construite sur un sol généralement peu élevé, traversée en partie par la Lys dont le courant est assez rapide pour entraîner les divers produits qu'y déverse l'industrie, la ville d'Armentières était considérée comme l'une des plus salubres de la localité. Ses rues principales sont larges, bien aérées; ses petites rues étroites et sinueuses reçoivent encore, grâce au peu de hauteur des habitations, l'air et la lumière dans une mesure suffisante.

Mais au voisinage de ces petites rues se trouvent d'assez nombreuses courettes et impasses dont les demeures destinées à la population ouvrière, présentent des conditions fort défectueuses au point de vue de la salubrité.

Néanmoins jusqu'à l'épidémie cholérique de 1832, les affections diverses qui régnaient autour de nous ne faisaient à Armentières que de rapides passages.

La population, qui partout suit le développement progressif de l'industrie, demeura comme celle-ci très-longtemps stationnaire; de temps immémorial on n'a jamais compté à Armentières que le même chiffre de 7 à 8000 âmes.

Vers 1830, l'industrie cotonnière vint tout-à-coup lui donner une activité insolite, et sa population, ouvrière s'accrut dès lors par l'arrivée de nombreuses familles, que la misère des Flandres faisait refluer partout où pouvait se trouver, non loin de ces malheureuses contrées, du travail et du pain.

Tel a été le point de départ de l'accroissement de la population de cette ville.

Mais eu égard au nombre restreint des petites habitations de l'intérieur, beaucoup de ces étrangers durent se loger, au grand profit de leur santé, dans les hameaux du voisinage qui, par suite du peu d'étendue de la ville, ne se trouvaient jamais bien éloignés de leurs ateliers. Toutefois, cette résidence dans la banlieue ne fut acceptée que par les familles qui ne trouvaient plus de demeures libres à l'intérieur, celles-ci se trouvant déjà encombrées par un surcroît de population.

C'est dans cette condition qu'advint le choléra de 1832. L'épidémie fit à Armentières de très-nombreuses victimes. Les courettes et les impasses où se trouvait entassée une population négligente, insoucieuse de tout soin de propreté, et livrée en outre au désordre et à la débauche, furent plus particulièrement envahies par le fléau. Dans les quartiers plus salubres, dans les rues larges et biens aérées, les cas d'épidémie furent relativement moins nombreux et d'une gravité bien moins redoutable.

Le condition morale de la population ouvrière à Armentières laissait aussi beaucoup à désirer; l'ivresse et surtout l'ivresse alcoolique, était une habitude presque généralisée, non-seulement chez les hommes mais aussi, bien que dans une mesure moins étendue, chez les femmes, depuis que dans un village voisin s'était établie une distillerie de genièvre par la fécule et que cette liqueur était fournie au peuple à un bas prix réellement fabuleux.

L'epidémie cholérique de 1849 fit aussi quelques ravages; ce fut surtout dans quelques quartiers nombreux et au sein d'une population remarquable par ses habitudes de malpropreté; mais il faut le dire, elle ne sévit pas alors dans tous les points envahis par le fléau en 1832 et le chiffre des décès fut infiniment moins considérable.

Depuis cette époque de 1849, il y eut bien comme partout ailleurs, quelques faits isolés de cholérine et même de vrai choléra, mais sans le moindre cachet de transmission épidémique.

Dans le cours de cette année, quelques cas de choléra sporadique se sont manifestés à de rares intervalles depuis le mois de

— 4 —

février ; mais c'est le 10 juin, après son apparition dans quelques villages voisins, à Erquinghem et à Houplines, qu'il s'est montré dans cette commune sous ses formes les plus graves et a revêtu une intensité vraiment alarmante.

Le plus souvent après des manifestations prodromiques peu intenses d'abord, telles que coliques, diarrhée, malaise et débilité générale, suivis ou non de vomissement, apparaissaient, au bout de quelques jours, les symptômes les plus graves et la maladie revêtait alors les caractères de l'état algide, comateux ou cyanique ; assez fréquemment, quand elle se prolongeait un peu, on voyait se dessiner les traits de la forme typhoïde.

Les cas réellement foudroyants dans lesquels la rapidité successive des désordres fonctionnels entraîne après quelques heures une terminaison funeste, ont toujours été les plus rares et peuvent être évalués, de l'avis des médecins, à 8 ou 10 pour $^{\circ}/_{\circ}$ par rapport à la mortalité générale de l'épidémie.

Voici quelques tableaux relatifs aux décès de chaque jour, depuis le 10 juin, tels qu'ils nous ont été communiqués par l'administration municipale :

### DÉCÈS.

| Date | Décès | Date | Décès |
|---|---|---|---|
| 10 Juin | 1 | Report... | 78 |
| 12 » | 1 | 29 Juin | 13 |
| 16 » | 3 | 30 » | 13 |
| 17 » | 2 | 1 Juillet | 13 |
| 18 » | 1 | 2 » | 14 |
| 19 » | 5 | 3 » | 28 |
| 21 » | 5 | 4 » | 16 |
| 22 » | 4 | 5 » | 16 |
| 23 » | 11 | 6 » | 6 |
| 24 » | 9 | 7 » | 4 |
| 25 » | 6 | 8 » | 9 |
| 26 » | 5 | 9 » | 8 |
| 27 » | 9 | 10 » | 9 |
| 28 » | 16 | | |
| A reporter.. | 78 | Total... | 227 |

| DÉCÈS SELON L'AGE ET LE SEXE. | | | |
|---|---|---|---|
| | Sexe masculin. | Sexe féminin. | TOTAL. |
| Au-dessous de 1 an . . . . . . | 4 | 3 | 7 |
| De 1 à 5 ans . . . . . . . | 16 | 15 | 31 |
| 5 à 10 » . . . . . . . | 13 | 9 | 22 |
| 10 à 15 » . . . . . . . | 6 | 5 | 11 |
| 15 à 20 » . . . . . . . | 2 | 6 | 8 |
| 20 à 30 » . . . . . . . | 16 | 14 | 30 |
| 30 à 40 » . . . . . . . | 21 | 6 | 27 |
| 40 à 50 » . . . . . . . | 12 | 23 | 35 |
| 50 à 60 » . . . . . . . | 15 | 15 | 30 |
| 60 à 70 » . . . . . . . | 9 | 7 | 16 |
| 70 à 80 » . . . . . . . | 8 | 2 | 10 |
| | 122 | 105 | 227 |

Vous reconnaîtrez avec nous, Messieurs, l'insuffisance, à bien des points de vue, de ce document, pour apprécier d'une manière exacte la gravité relative de la maladie et l'action qu'a pu exercer la science pour conjurer le mal ou en arrêter les progrès.

Nous aurions désiré connaître le rapport entre le chiffre de la mortalité et celui des cas d'invasion bien constatés de l'affection; mais nous avons vu bientôt l'impossibilité absolue d'arriver jamais à cette notion.

Au milieu de l'émotion générale, de la panique déterminée par l'épidémie, aucune organisation régulière n'a pu être établie dans le service médical; il arrive très-fréquemment qu'à l'apparition des premiers phénomènes dans une famille, plusieurs des membres, aidés de quelques amis du voisinage, se mettent simultanément à la recherche d'un médecin; le premier rencontré visite le malade et fait sa prescription; mais bientôt le même malade se trouve visité par tous les médecins prévenus; et chacun d'eux se croyant seul appelé, ce dont jamais on ne le dissuade, inscrit le malade au nombre des cholériques observés par lui ; il arrive ainsi que, dans le relevé statistique, un seul sujet peut compter pour 5 ou 6.

Ce fait, de l'avis de tous les médecins, se reproduit à tout instant dans la classe ouvrière, et on conçoit l'impossibilité absolue d'arriver à l'évaluation exacte des cas d'invasion pour les mettre en parallèle avec le chiffre de la mortalité.

Votre Commission, après avoir recueilli près de l'administration les détails qui viennent d'être exposés, a visité à l'hôpital les salles des cholériques.

Ces salles sont multiples, bien aérées, très-proprement tenues ; elles contiennent huit à neuf lits, chiffre en rapport avec le cubage qu'elles mesurent. Les deux premières consacrées aux femmes, renfermaient onze malades ; sur ce nombre, deux seulement paraissaient gravement atteintes, elles se trouvaient à la période algide et l'une d'elles présentait un certain degré de cyanose. Tous les autres cas paraissaient peu graves, plusieurs étaient évidemment en convalescence. Deux malades étaient arrivés depuis quelques heures ; chez l'une d'elles, l'affection ne présentait jusque-là aucun caractère alarmant, chez l'autre le médecin émettait des doutes sur la nature de la maladie et inclinait plutôt à nier les caractères de l'épidémie.

Dans la première salle des hommes se trouvaient huit malades; un seul, parvenu au dernier degré de l'algidité et de la cyanose, ne laissait aucun espoir, tous les autres étaient convalescents ou du moins dans la période de retour.

La quatrième salle enfin, dépourvue de lits, n'était occupée que par cinq ou six convalescents couchés sur des matelas étendus sur le parquet.

L'Administration des hospices, prise au dépourvu au moment de la brusque invasion de l'épidémie, a bien vivement regretté de n'avoir pas pu mettre un plus grand nombre de lits au service des malades ; mais votre Commission se plaît à reconnaître avec l'Administration municipale que les secours prodigués ont toujours été à la hauteur des besoins éventuels, que dans les jours où le fléau a sévi avec le plus de violence, alors que le chiffre de la mortalité s'est élevé, comme le mardi 3 juillet, jusqu'à vingt-huit dans les vingt-quatre heures, tous les malades présentés à l'hôpital ont pu y être admis et recevoir tous les soins que leur état réclamait, et que, dans le moment actuel, sur les vingt-huit lits que renfermaient les salles de cholériques, il en est deux ou trois inoccupés.

Votre Commission, visitant ensuite les quartiers de la ville où l'épidémie avait frappé ses plus nombreuses victimes, y a rencontré encore un certain nombre de malades; mais aucun ne présentait ces caractères alarmants et terribles devant lesquels la science est contrainte de faire l'aveu de son impuissance; plusieurs offraient des désordres fonctionnels heureusement faciles à conjurer; tous les autres étaient en pleine convalescence.

Nous devons déclarer ici encore que les soins à domicile ont été prodigués à tous les malades des familles indigentes et ouvrières. Les ressources du Bureau de Bienfaisance accrues des subventions du Conseil municipal, ont permis de distribuer dans une large mesure des secours alimentaires.

Partout les malades ont été visités par les sœurs au début de leur affection, le service médical n'a nulle part et en aucun temps été négligé, et tous les médecins qui sans distinction ont prêté leur concours au service des indigents, déclarent qu'au point de vue pharmaceutique rien n'a laissé à désirer.

Après cette appréciation du développement progressif de la marche et des conséquences générales de l'épidémie, votre Commission, chargée de rechercher les causes qui semblent avoir concouru, sinon à la naissance, du moins à l'expansion du fléau, a dû s'enquérir des points de la ville où il avait fait sa première apparition, des quartiers où il s'était en quelque sorte implanté et avait sévi avec le plus de violence. Elle devait surtout visiter ces quartiers et considérer s'il ne s'y rencontrait pas des causes soit inhérentes à la disposition du sol qui entoure les demeures, soit dépendantes de la condition des demeures elles-mêmes, soit enfin subordonnées à l'état des individus qui les habitent, capables par leurs conditions fâcheuses, au point de vue de la salubrité, de rendre raison des ravages terribles d'une épidémie.

Telles sont les questions diverses qui ont dû successivement appeler notre attention et dont nous avons à vous soumettre les résultats.

Déclarons tout d'abord que quelques quartiers de la ville ont été le siége principal des ravages du choléra, que ces quartiers sont ceux qui présentent les conditions les plus regrettables sous le rapport de la salubrité, et sont habités par la population indigente et ouvrière la plus insoucieuse qui soit des soins de la santé, et livrée constamment à la plus dégoûtante malpropreté; ajoutons que les quelques faits exceptionnels qui se sont rencontrés ne sont pas de nature, eu égard aux circonstances de leur développement, à modifier notablement nos premières assertions.

Il a été signalé à la Commission trois quartiers qui ont été, pendant tout le cours de l'épidémie, des foyers permanents de production; chacun d'eux a été de notre part l'objet d'une investigation attentive :

1° Derrière le chœur de l'église, sur le côté de la rue longeant le presbytère, se trouve encaissée une petite placette triangulaire dont le sol est de 1 mètre 50 c. au moins, en contrebas du contour de l'église; cette placette est le centre du quartier appelé Bas-d'Enfer Malgré l'abaissement du sol, l'air et la lumière y arrivent largement, grâce au peu de hauteur des habitations qui l'entourent; ces habitations n'ont pas d'étage, mais seulement un petit grenier au-dessus du rez-de-chaussée.

Des divers angles de la Placette partent des Courettes dont

Le 2ᵉ quartier que la Commission a visité est celui du Chauffour. Les deux rues principales sont larges et bien ventilées, mais les demeures sont basses, les pièces étroites percées d'ouvertures insuffisantes pour l'aération. Bon nombre d'entr'elles n'ont, au-dessus du rez-de-chaussée, qu'un grenier étroit qui sert au couchage de toute une famille souvent très-nombreuse.

Au fond de ce quartier se trouvent deux courettes dans lesquelles l'épidémie depuis son invasion semble avoir pris droit de domicile et a fait de nombreuses victimes.

L'une d'elles, la cour Saint-Nicolas, présente sur l'une de ses faces douze habitations basses et humides, mais remarquables surtout par la malpropreté intérieure. Ces demeures s'ouvrent sur une vaste cour, dont l'extrémité aboutit à la rivière, et qui de ce côté est suffisamment aérée. Cette cour, d'une largeur de 4 mètres 50 centimètres dans toute son étendue, dont le sol est en terre et le fil d'eau le long des demeures en briques très-mal jointes et non cimentées, présente adossées au mur en face des habitations un nombre considérable de cages de dimensions diverses contenant des lapins, des poules, des chèvres et des chiens; à côté de ces cages, des monceaux de fumier provenant de ces animaux.

Ajoutons que des latrines mal tenues viennent encore apporter leur contingent d'infection à ce foyer pestilentiel.

L'autre cour (cour Saint-Louis) se compose d'un couloir d'une largeur qui ne dépasse pas 1 mètre 50 centimètres aboutissant aussi à la rivière et sur lequel viennent s'ouvrir dix habitations composées chacune d'une pièce au rez-de-chaussée et d'un grenier très-bas; l'air et la lumière y pénètrent à peine, le soleil jamais. Il faut dire que ces demeures sont occupées par la population la plus malpropre et la plus dégradée. Le sol de la courette est très-mal pavé, le ruisseau en briques disjointes; c'est un véritable casse-cou.

Le 3ᵉ quartier signalé comme siége plus spécial de la maladie est le lieu dit le Rond-Point. C'est une plaine assez vaste servant autrefois au jeu de tir à la perche, entourée en bonne partie par un des embranchements de la rivière des Laies qui la sépare d'une grande allée plantée jadis de beaux tilleuls et formant une promenade publique. Autour de cette plaine sont construits de nombreux groupes d'habitations ouvrières entre lesquelles ont été ménagés des espaces de la largeur de 6 à 7 mètres.

Sur les côtés de l'ancienne promenade s'élèvent aussi des constructions nombreuses dont la disposition générale ne peut donner lieu à aucune remarque importante.

Cependant, c'est dans ces habitations que depuis plus d'un mois le choléra sévit avec le plus de violence, sans que les conditions qu'elles présentent puissent rendre raison d'un pareil fait.

Mais, si ces demeures sont salubres par les conditions extérieures de leur établissement, il faut reconnaître qu'elles tiennent de la malpropreté et de l'incurie de leurs habitants des éléments regrettables au point de vue hygiénique.

Cette population, en effet, composée de familles flamandes livrées jadis à la plus profonde misère, n'ont rien perdu de ces habitudes de négligence et de désordre qu'engendrent trop souvent le dénument et le besoin; elles ont pu par le travail se procurer le pain de chaque jour, mais elles semblent borner là leurs désirs, et le sentiment du bien-être que procure, avec le strict nécessaire de la vie, l'ordre et la propreté sur soi-même leur reste encore inconnu.

De là sans doute naissent les causes qui prédisposent à la propagation dans ces familles de toutes les affections régnantes, et si ce n'était le choléra, on y verrait sans doute à certaines époques de l'année se développer en grand nombre des affections typhoïdes.

Ce n'est pas ici une appréciation *à priori* qui vient de vous être présentée; votre Commission se rappelle que dans le détail du développement et de la marche de la maladie, tous les médecins de la localité ont affirmé que dans un très-grand nombre la largeur ne dépasse pas un mètre et qui se succèdent au nombre de trois ou quatre en se coupant à angle droit. Parmi ces courettes les unes ne sont que de simples couloirs, les autres donnent accès à un certain nombre d'habitations qui ont devant elles un mur élevé de 2 mètres 50 c., et au-delà de ce mur un jardin. Ces habitations basses et petites n'ont que des ouvertures étroites ; au-dessus du rez-de-chaussée se trouve un grenier très-bas, où loge souvent une nombreuse famille ; la lumière n'y pénètre que par une étroite fenêtre ; mais l'air y est pur grâce au jardin sur lequel elle s'ouvre.

Ces demeures, néanmoins, laissent bien à désirer sous le rapport de la salubrité, par suite de la difficulté du renouvellement de l'air à l'intérieur, par le nombre trop considérable des individus qu'elles abritent et par la malpropreté de leurs habitants.

Enfin, au fond de ces diverses courettes successives se trouve l'extrémité d'un large fossé dont le fond, desséché au moment de notre visite et recevant d'ordinaire des détritus de toutes sortes, exhalait encore des miasmes fétides ; on y avait jeté depuis peu, au fond et sur les bords, du lait de chaux en abondance.

Ce fossé, qui doit être une bonne partie de l'année un foyer d'infection pour ce triste quartier, n'est autre chose que l'une des extrémités d'un petit cours d'eau qui sillonne en divers sens la ville tout entière, et dont il semble utile de donner ici une rapide description.

Ce cours d'eau, désigné sous le nom de Rivière-des-Laies, a son origine dans des terrains élevés qui forment, à quelque distance d'Armentières, la limite entre le Nord et le Pas-de-Calais ; il pénètre en ville au voisinage de la route de Lille, et parcourt ses diverses parties en donnant naissance à plusieurs embranchements

Un peu plus élevé à l'époque des pluies abondantes, le niveau de ce petit canal s'abaisse progressivement, et laisse pendant une bonne partie de l'année, dans certains points, des mares croupissantes et fétides, dans d'autres, un fond vaseux se desséchant au soleil, partout une cause d'infection et de méphitisme.

Dans plusieurs points, ce canal longe le fond des habitations de plusieurs rues, dans d'autres il traverse quelques petites rues occupées par les classes ouvrières, et devient là le réceptacle de détritus végétaux et animaux, de débris de ménage, ainsi que des eaux pluviales et ménagères. L'accumulation de ces produits forme à la longue une vase épaisse qui obstrue en grande partie le lit du canal, et qui, mise à sec pendant l'été, devient une source d'émanations fétides fort préjudiciables à la santé des habitants.

Enfin, le cours d'eau va se perdre dans la Lys par trois points; et c'est l'un de ceux-ci que la Commission vient de rencontrer au fond de l'une des impasses du Bas-d'Enfer; mais en ce moment le canal est tout-à-fait à sec.

Une autre cause d'insalubrité du quartier dont nous parlons est la mauvaise disposition des fosses d'aisances. Elles sont disséminées dans plusieurs coins de ces courettes étroites; l'ouverture de vidange est couverte d'une planche mal jointe, la fosse n'a pas de tuyau de ventilation; le cabinet est malpropre et il s'en exhale des miasmes fétides respirés sans cesse par tous les passants.

Plusieurs habitants de ces demeures ont, à côté de leur porte, une caisse ou cage dans laquelle ils élèvent des lapins.

Enfin, une dernière cause d'insalubrité, c'est la mauvaise disposition du pavage et des fils d'eau.

Le sol, nous l'avons dit, est en contre-bas de près de 1 mètre 50 centim. par rapport au contour de l'église; quand viennent des pluies abondantes, il doit s'écouler sur la placette, dont le sol est fort incliné, une grande quantité d'eau; et comme les ruisseaux ne sont pas rejointoyés à la cendrée, cette eau imprègne le sol et le laisse toujours humide.

Le pavage de toutes les courettes est aussi fort défectueux, il est presque partout en briques disjointes et non cimentées.

de cas, après les premières phases de l'invasion, le choléra revêtait la forme typhoïde et présentait subséquemment, avec des degrés variables d'intensité, tous les caractères de cette dernière affection.

La signification d'un pareil fait nous a paru trop importante pour ne pas mériter ici une mention toute spéciale.

Une dernière remarque relative aux groupes d'habitations de ce quartier c'est qu'elles aboutissent toutes à des rues ou passages non pavés; les fils d'eau y sont mal établis, le sol détrempé par les pluies doit laisser souvent des mares stagnantes ; des trous creusés çà et là reçoivent les débris de ménage et quand au voisinage existe un fossé à sec il devient le réceptacle d'immondices de toutes sortes. On nous a spécialement signalé une rangée de demeures qui presque toutes avaient été visitées par le fléau et présentaient cette dernière disposition : un large fossé ne recevant que les eaux pluviales et à sec une bonne partie de l'été, longeait dans toute leur étendue les façades de ces habitations.

Outre ses ravages dans les trois quartiers qui viennent d'être signalés, le choléra a sévi encore dans plusieurs autres points de la ville, mais les cas y ont été moins nombreux et le mal s'est arrêté après avoir frappé quelques sujets.

Cependant, il existe à Armentières bien d'autres quartiers où se rencontrent des conditions d'insalubrité tout aussi regrettables que celles que nous venons d'exposer et où s'entasse une population nombreuse également peu soucieuse de tout soin de propreté et de bien-être. Nous signalons entre autres deux courettes ou impasses situées rue de la Vignette, au voisinage du rivage, dont les demeures privées d'air et de lumière présentent à l'intérieur les conditions les plus fâcheuses par la malpropreté et l'incurie des habitants. Cette population a dû aussi payer à l'épidémie un large tribut. Nous avons également visité d'autres courettes tout aussi mal tenues et mal habitées qui ont échappé jusqu'ici aux atteintes de la maladie.

Après avoir indiqué avec quelque détail les conditions fâcheuses au point de vue de la salubrité des principaux quartiers visités plus spécialement par l'épidémie, votre Commission, Messieurs, ne croit pas pouvoir se dispenser d'exprimer ici ses impressions sur l'état général de la ville.

Envahie par une industrie incessamment croissante, Armentières offre dans tous ses points l'aspect d'une cité en pleine voie de rénovation et présente partout les conséquences d'une pareille situation. Des rues nouvelles s'ouvrent de tous côtés et étendent le cercle de sa circonscription ; toutes les rues anciennes voient s'élever des constructions neuves à la place des vieilles habitations basses et étroites, et de nouveaux alignements ont permis d'accroître la largeur là où ces rues offraient une étroitesse fâcheuse. Mais à côté de ces améliorations dont l'avenir recueillera les fruits, il faut dire que bon nombre des rues parcourues par la Commission laissent à désirer sous le rapport de la propreté; le balayage y paraît un peu négligé, ainsi que l'enlèvement des immondices; la Commission a vu dans plusieurs points des monceaux de fumier trop nombreux pour laisser croire au passage quotidien des tombereaux.

Le pavage des rues anciennes est en général en mauvais état, les fils d'eau mal entretenus ; la tenue des trottoirs est fort défectueuse dans bien des points. Mais cet état de choses qui, nous l'avons dit, dépend un peu des conditions sus-indiquées, pourrait être atténué par une intervention plus efficace et une surveillance plus active de la part de la police.

Après avoir exposé avec quelques développements qui ont paru indispensables les diverses impressions qu'a recueillies votre Commission dans le cours de sa visite, il lui reste à formuler, à titre de conclusions, les réponses qu'elle vous propose d'adresser à M. le Préfet.

Ce Magistrat, dans sa vive sollicitude pour les populations dont l'administration lui est confiée, a voulu le premier visiter cette cité si violemment frappée par le terrible fléau, et témoin de ses désastres continus, il a fait appel à votre concours à l'effet de rechercher les causes qui paraissent capables d'entretenir le mal, afin de réagir, s'il se peut, contre elles, et de prévenir, par l'adoption des mesures que prescrivent l'hygiène publique et privée, le retour de l'épidémie.

I. Il a semblé à votre commission ressortir suffisamment de l'appréciation des faits qu'elle vient de constater, que les ravages de l'épidémie se sont presque spécialement concentrés dans les quartiers qui présentaient, au point de vue de la salubrité, les conditions les plus défectueuses.

Le défaut d'aération des habitations, la malpropreté intérieure, celle des habitants eux-mêmes et leur entassement en trop grand nombre dans des demeures trop exiguës; l'infection de l'air qui entoure l'habitation par les nombreuses sources de miasmes que nous avons précédemment indiquées; l'humidité entretenue par le mauvais état des fils d'eau à l'entrée des habitations, telles sont les causes diverses qui appellent impérieusement l'intervention de l'Administration municipale et qu'elle peut, en grande partie du moins, parvenir à faire disparaître.

II. Nous avons appris avec satisfaction l'existence à Armentières de la Commission pour l'assainissement des logements insalubres, et c'est à elle qu'est dévolue la mission de prescrire toutes les mesures nécessitées pour sauvegarder la santé et la sécurité publiques. Nous savons que déjà depuis quelque temps cette Commission s'est mise à l'œuvre, mais qu'elle a ralenti son zèle devant quelques difficultés rencontrées dans ses travaux. Nous vous proposons, Messieurs, de vouloir bien émettre le vœu que la Commission soit investie par M. le Préfet de l'autorité nécessaire pour fonctionner dans les mêmes conditions et avec les mêmes droits que les Commissions des villes importantes de l'Empire ; qu'elle puisse imposer aux propriétaires de faire dans les habitations toutes les réparations qu'exige la salubrité ; et qu'elle puisse poursuivre devant le Conseil de Préfecture les contrevenants à ses prescriptions; que la Commission soit pourvue d'un agent spécial chargé de préparer les travaux et de surveiller l'exécution de toutes les mesures prescrites, qu'elle puisse en un mot suivre en tous points la voie tracée, selon le vœu de M. le Préfet, par l'œuvre active et incessante de la Commission des logements insalubres de la ville de Lille.

Investie de pareils pouvoirs, la Commission fera cesser toutes les causes d'insalubrité que nous avons signalées autour des demeures des courettes ; elle fera disparaître partout l'infection des fosses d'aisances mal établies, poursuivra le renouvellement du pavage des cours et la réparation des ruisseaux, elle imposera, dans les demeures, l'agrandissement des ouvertures pour une aération plus complète, les réparations pour combattre l'humidité des murs anciens, de fréquents badigeonnages à la chaux ; enfin, pour les demeures qui menacent ruines, pour celles d'une insalubrité bien évidente qui ne paraissent susceptibles d'assainissement par aucun travail de réparation, elle n'hésitera pas à en proposer l'interdiction à titre d'habitation ; elle prendra la même mesure pour les courettes qui par leur disposition radicalement mauvaise sont destinées à devenir le foyer de toutes les épidémies.

III. Votre Commission considère encore comme une cause d'insalubrité pour toute la ville la présence des divers canaux qui la sillonnent et il lui paraît essentiel de soustraire les habitants aux émanations de leurs eaux fétides en y établissant après le curage général un courant continu, et en les faisant couvrir dans toutes les parties voisines des habitations.

Nous venons d'apprendre qu'un projet, étudié depuis quelque temps, et à la veille d'être mis à exécution, a pour objet d'établir une prise d'eau à la Lys, à quelque distance en amont de la ville, de l'élever au moyen de machines, et de la conduire dans tous les canaux de manière à y maintenir un courant continu, pour la rendre ensuite en aval par les points que nous connaissons.

On peut affirmer que la réalisation d'un pareil travail qui, on doit le dire, sera un des plus puissants moyens d'assainissement pour la ville d'Armentières, deviendra pour l'Administration municipale actuelle un titre d'honneur et un droit à la reconnaissance des générations futures.

IV. Il a été dit ailleurs que ces canaux devenaient dans bien des points le réceptacle des eaux pluviales et ménagères, ainsi que de toutes les immondices, et se trouvaient être assimilés, en quelque sorte, à un égout public à ciel ouvert.

La Commission a appris avec étonnement que la ville d'Armentières n'était pourvue d'aqueducs dans aucune de ses parties; elle vous convie instamment de solliciter l'intervention de M. le Préfet, à l'effet de préparer les travaux nécessaires pour un établissement si essentiel à la salubrité publique.

V. Nous avons eu l'occasion de signaler déjà les habitudes d'ivrognerie implantées de longue date dans la population ouvrière; nous savons tous que cette condition, compagne ordinaire du désordre intérieur des familles et de l'abandon de tout souci de la dignité individuelle, concourt pour une bonne part à la prédisposition des maladies épidémiques. Il ressort des relevés statistiques depuis l'invasion du choléra à Armentières que le chiffre des décès s'est élevé davantage dans les jours qui ont succédé aux chômages du dimanche et du lundi; on a remarqué que le jour de la plus grande mortalité a été le mardi 3 juillet où il a été déclaré 28 décès par le choléra.

On peut bien admettre que les excès de boissons et de débauche ne sont pas étrangers à cette recrudescence.

Votre Commission pense qu'il y a lieu de réclamer de la police une surveillance plus attentive, en ce moment, des cabarets et de tous les lieux en si grand nombre où se débitent surtout les boissons alcooliques.

VI. Après l'exposé des prescriptions qui ont pour objet la salubrité générale de la ville, votre Commission vous demande en terminant de soumettre à M. le Préfet quelques propositions relatives au service médical et hospitalier.

Vous avez remarqué que ce service, tel qu'il est établi, témoigne d'un grand défaut de coordination, et qu'il impose aux médecins une grande perte de temps et un surcroît de travail inutile. Il nous semble possible de faire cesser cette situation en assignant spécialement à chacune des parties de la ville un médecin auquel serait adjoint un des internes de l'Ecole de Lille. Cette désignation ne serait faite que pour le service des indigents et des ouvriers, et ne s'élèverait jamais aux rigueurs de l'arbitraire ; elle laisserait d'ailleurs aux volontés individuelles la liberté du choix.

Il serait également utile que tous les médecins et internes puissent chaque jour fixer une heure de réunion à l'effet de se communiquer le résultat de leurs propres observations sur l'épidémie et établir ensemble les bases de la statistique quotidienne de la maladie.

Vous avez vu que dans ces demeures basses et humides des quartiers mal tenus et encombrés, l'épidémie cholérique y frappait coup sur coup plusieurs victimes.

Nous applaudissons pleinement à la mesure adoptée de transporter immédiatement à l'hôpital et au début de la maladie tous ceux qui ne peuvent recevoir au sein de leur famille les soins que leur état réclame ; mais le premier malade enlevé, la cause, quelle qu'elle soit, de l'épidémie, demeure et se révèle bientôt par de nouvelles communications. On ne peut songer évidemment à faire évacuer immédiatement par la famille entière une demeure contaminée, à moins d'avoir établi préalablement hors de la ville des abris provisoires larges et bien aérés pour recevoir tous ceux qui sont plus exposés aux atteintes du mal.

Il faut dire cependant que ce système, organisé parfois à l'heure des grands périls publics, a toujours produit les meilleurs avantages et les plus rapides résultats, et que si, contre toute attente, la recrudescence de la maladie faisait redouter encore de plus grands désastres, nous croirions devoir réclamer d'urgence l'organisation d'un pareil établissement.

Mais si en ce moment cette mesure n'est pas applicable,

peut-être ne serait-il pas sans quelque avantage de conseiller l'emploi, dans les habitations où s'est manifestée l'épidémie, de fumigations désinfectantes sulfureuses ou chlorurées. Ces moyens qui, de l'aveu de quelques médecins, paraissent avoir été employés avec succès dans quelques localités envahies par le fléau, pourraient avoir du moins sur l'esprit des populations une influence morale toute aussi efficace que les feux allumés par le peuple au milieu des rues.

Votre Commission s'est assurée par elle-même, dans sa visite à l'hôpital, que tous les soins réclamés par les nombreux malades qui s'y trouvaient admis étaient prodigués avec le zèle le plus dévoué; mais elle a vu avec regret la réunion dans une même salle de malades présentant des degrés fort variables d'intensité de l'affection.

Les sujets parvenus à la période la plus grave se trouvaient confondus avec ceux déjà entrés en convalescence, ou dont la maladie n'offrait plus aucun caractère alarmant.

Tout le monde sait que le choléra n'atteint pas tous les individus avec la même violence, que presque toujours quand les premiers soins sont prodigués au début, ils parviennent à conjurer le mal et la guérison ne se fait pas attendre longtemps. Pour ceux-ci, les soins généraux, une surveillance attentive pour les débuts de l'alimentation sont seuls indispensables, et il n'est pas besoin pour le service d'un personnel considérable.

Pour les cas graves au contraire dont l'invasion subite se révèle par des caractères alarmants et une marche très-rapide, il n'en est plus de même; ces sujets doivent être l'objet de soins continus et dévoués, il faut lutter sans nulle interruption contre la mort qui s'avance à pas rapides et jamais jusqu'à la dernière minute il ne faut s'avouer vaincu. Car ce n'est pas chose très-rare dans le choléra de voir renaître à la vie des sujets presque moribonds, qu'on était sur le point d'abandonner. C'est de ce côté que doit converger toute l'activité du service infirmier, et ceux auxquels est commis le soin de pareils malades ne doivent en être détournés par aucun souci.

Aussi paraît-il à votre Commission indispensable de placer les malades de cette catégorie dans une salle spéciale, où cette prodigalité de soins leur sera plus facilement donnée.

Les cas de ce genre, ceux de choléra dit foudroyant, ne sont d'ailleurs jamais, quoi qu'on en pense, très-nombreux dans le cours des épidémies, et bien que la grande majorité de ces cas soient mortels, ils ne comptent ici que pour 10 pour 100 de la mortalité générale.

Une autre considération importante milite encore en faveur de l'adoption de la mesure proposée, c'est de soustraire aux regards des malades convalescents ou légèrement atteints, le spectacle le plus affligeant et le plus hideux que puisse présenter l'homme à sa dernière heure; cet aspect seul, pour ceux-là du moins qui sont encore accessibles à la peur, serait capable de compromettre les heureux résultats que les efforts de la science sont parvenus à obtenir.

La multiplicité des salles assignées aux cholériques à l'hôpital d'Armentières permettra de réaliser facilement ce que vous considérerez avec nous comme une importante modification, et s'il arrivait, contre toute prévision, qu'un accroissement momentané du nombre des malades vienne accroître les difficultés du service, il serait toujours possible d'opérer, au moyen de paravents, l'isolement de quelques lits dans lesquels seraient placés et soignés à part les malades dans cette condition.

Telles sont, Messieurs, les dispositions diverses que votre Commission vous propose d'indiquer à M. le Préfet comme mesures de salubrité publique pour la ville d'Armentières et comme modifications utiles au double service hospitalier et à domicile, service auquel tous, votre Commission se plaît à le redire, l'administration municipale et celle du bureau de bienfaisance, le corps médical tout entier, les sœurs de l'hôpital et tout le personnel infirmier apportent le concours le plus ardent et le plus dévoué.

*Les Membres de la Commission :*
MM. BRIGANDAT, CAZENEUVE, MEUREIN,
JOIRE, Rapporteur.

Lille-Imp. L. Danel

www.ingramcontent.com/pod-product-compliance
Lightning Source LLC
Chambersburg PA
CBHW071414060426
42450CB00009BA/1891